Erlebe heute deinen Tag

Erlebe heute deinen Tag

Textauswahl: Roland Leonhardt

SKV-EDITION

Die Deutsche Bibliothek – CIP-Einheitsaufnahme

***Erlebe heute deinen Tag** / Textausw.: Roland Leonhardt. –*
Lahr : SKV-Ed., 2000
ISBN 3-8256-3522-8

Licht und Freude 93 522

Gesamtherstellung:
St.-Johannis-Druckerei, 77922 Lahr
Printed in Germany   6915/2000

Erlebe heute deinen Tag

Dieser Tag gehört mir.
Ich will ihn berühren, schmecken, spüren;
ich will ihn erleben, als wäre er der erste Tag in meinem Leben.
Dieser Tag gehört mir.
Ich will an ihm lachen und singen, tanzen und springen;
ich will die Sonne auf meiner Haut spüren und den Abendwind auf meinen Wangen.
Ich will diesen Tag zu einem besonderen Tag machen, zu einem Tag der Freude.
Vielleicht gesellen sich noch andere Menschen hinzu, dann wird es ein Festtag!

Roland Leonhardt

*Man hat nie nur einen Grund
zu einer Handlung,
sondern hundert und tausend.*

Christian Morgenstern

So ganz einsame Tage sind doch etwas Herrliches.

Franziska Gräfin zu Reventlow

*Tue das, wodurch du würdig wirst,
glücklich zu sein.*

IMMANUEL KANT

*Wenn man viel hineinzustecken hat,
so hat ein Tag hundert Taschen.*

FRIEDRICH NIETZSCHE

Wenn der Tag nicht hell,
sei du heiter!

Friedrich Rückert

Wer sich heute freuen kann,
der soll nicht warten bis morgen.

JOHANN HEINRICH PESTALOZZI

Morgens die Sonne
erwarten,
abends die Nacht.
Sonst nichts!
Das ist alles.

PETER ALTENBERG

Der Mensch kann nicht tausend Tage ununterbrochen gute Zeit haben, so wie die Blume nicht hundert Tage blühen kann.

Chinesische Weisheit

Eine Fähigkeit, die nicht täglich zunimmt, geht täglich zurück.

CHINESISCHE WEISHEIT

Ein froher Sinn ist wie
ein Frühlingstag.
Er öffnet die Blüten
der menschlichen Natur.

JEAN PAUL

Denn ein Herz voll Freude
sieht alles fröhlich an,
ein Herz voll Trübsal alles trübe.

MARTIN LUTHER

Der verlorenste aller Tage ist der, an dem man nicht gelacht hat.

Nicolas Chamfort

Jeder neue Tag ist wie ein Bote Gottes, den man gebührend empfangen muss.

Russisches Sprichwort

Jeder Tag hat seine Geschenke.

Martial

Betrachte jeden Tag als deinen besten!

SLOWAKISCHES SPRICHWORT

Die Jahre lehren viel,
was die Tage niemals wissen.

RALPH WALDO EMERSON

*Was geschehen ist, ist vorbei
und unwiederbringlich, und der Weise
hat genug zu tun mit gegenwärtigen
und zukünftigen Dingen*

Francis Bacon

Nur wer einig ist mit der Welt,
kann einig sein mit sich selbst.

Friedrich Schlegel

*Beeile dich nicht zu sehr,
führe lieber alles zu Ende,
selbst wenn es länger dauert.*

F. M. Dostojewski

Wir leben in der Zeit;
folglich müssen wir auch mit ihr
und für sie leben und leben lernen.

Johann Gottfried Herder

Alle Stunden umfasse mit beiden Armen.
So wirst du weniger vom Morgen abhängen,
wenn auf das Heute du die Hand legst.

SENECA

Bildnachweis:
Umschlagbild: Ch. Palma; S. 7: Ch. Palma; S. 8/9: M. Zweigle; S. 11: H. Ney; S. 13: M. Zweigle; S. 15: U. Schneiders; S. 17: R. Balzerek; S. 18/19: Epple/G. Eppinger; S. 21: Ch. Palma; S. 23: M. Essler; S. 24/25: E. Tomm; S. 27: G. Burbeck; S. 29: K. Dehmel/ F. Bormann; S. 30/31: M. Rügner; S. 33: H. Ney; S. 35: Foto Wolf; S. 37: M. Ruckszio; S. 39: U.-J. Schönlein; S. 40/41: M. Schneiders; S. 43: U.-J. Schönlein; S. 45: H. + B. Dietz; S. 47: D. Epple